炊き込んだり、ざっと混ぜたり。
とにかく野菜がたくさん食べられる！

ザ・野菜ライス

堤 人美

ザ・野菜ライスって？

ご飯の中にひらめきを閉じ込めたい！
もっと楽しいものにしたいと思い、この本を作りました。

ひと鍋でおかずのようなご飯を作れたら！
その上、野菜たっぷりで罪悪感なく食べられたら！
あとはさっと焼いた肉やスープだけを用意すればいい。

こんがりバターで焼いたにんじんの甘さをお米に移しながら炊く。
長芋は大きく切って、にんにくと一緒に炊く。
れんこんは薄く切って、炊き上がったご飯に加えてその食感を残す。
ブロッコリーも炊き上がりに加えると、
鮮やかに蒸し上げられたかのように鮮やかで瑞々しい！
大らかでなんでも受けとめてくれるご飯に染み渡る野菜たち。

ご飯には野菜を。たっぷりの野菜にご飯を。
ぜひ、ザ・野菜ライスをお家の定番メニューに。

堤 人美

「ザ・野菜ライス」
３つの作り方

お米と一緒に最初から炊く

すべての材料を炊飯器、または鍋、
フライパンに入れて一緒に炊き込みます。
切っただけの野菜、焼いた野菜、
お肉やお魚、昆布や煮干し、バターを入れたり。
とにかく材料を入れたら、
あとは炊き上がりを待つだけ！

炊き上がりに野菜を投入！

炊き上がったばかりのご飯と一緒に
野菜を蒸します。蒸らし時間10分。
薄切り、ざく切りにして、
生でも美味しい野菜を使います。
食感もほどよく残り、香りもご飯に移って
新しい野菜の美味しさを発見！

温かいご飯に野菜を混ぜる

温かいご飯に野菜を混ぜるだけ。
濃いめに味つけしたお肉や
茹で鶏などを合わせれば、
それだけでボリュームも出る
ヘルシー野菜ライスのでき上がり。
夜食やひとりランチにもおすすめです。

「ザ・野菜ライス」の
メリット

- 野菜不足を解消し、糖質を控えられる。
- 簡単調理だから忙しいときに大助かり！
- お肉やお魚も混ぜれば、おかずいらず。
- シンプルな献立でバランスがとれる。
- 野菜の旨みがお米に染みて
  美味しさがアップする！

目次

前編
野菜たっぷり炊き込みライス

料理を作る前に
・小さじ1は5㎖、大さじ1は15㎖、1合は160㎖です。
・ごく少量の調味料の分量は「少々」または「ひとつまみ」としています。「少々」は親指と人差し指でつまんだ分量で、「ひとつまみ」は親指と人差し指と中指の3本でつまんだ分量になります。
・「適量」はちょうどよい分量、「適宜」は好みで入れなくてもよいということです。
・野菜類は特に指定のない場合は、洗う、むくなどの作業を済ませてからの手順を説明しています。
・だし汁は昆布、削り節、煮干しなどでとった和風だしを使っています。市販の顆粒だしを使う場合は、パッケージの表示通りに湯で溶かすなどして用意してください。
・調味料類は特に指定していない場合は、しょうゆは濃口しょうゆ、砂糖は上白糖、こしょうは白こしょう、黒こしょうを好みで使ってください。

水加減の目安
・本書での水加減は普通の炊き上がりを目安にしています。
かため、やわらかめが好みの場合は水加減を調整して炊いてください。

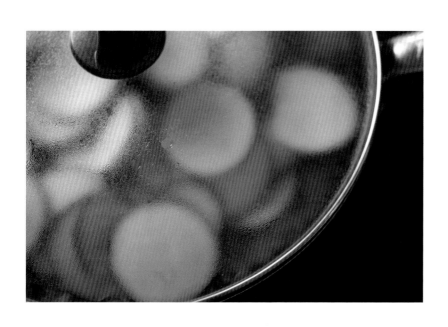

トマトはそのまま丸ごと

トマト丸ごとライス→14ページ

にんにくは皮ごと焼いて

こんがりにんにくライス→17ページ

にんじんは甘いバターの
香りとともに

にんじんバターライス→19ページ

カリフラワーは
大胆に大きく切って

カリフラワーレモンライス→20ページ

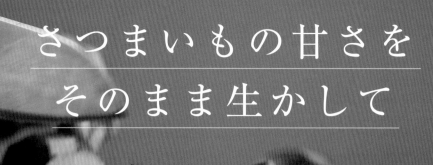

さつまいもの甘さを
そのまま生かして

乱切りさつまいものナッツライス→23ページ

豆もやしはドバッとのせちゃって

どっさり豆もやしライス→24ページ

トマト丸ごとライス

旨みたっぷりのトマトは切らずに丸ごと、
お米と一緒に炊き込むだけ。
甘酸っぱいトマトライスは、
ソテーしただけのお肉やお魚など、
洋風、和風の献立にも合う、
手軽でイチ押しの野菜ライスです。

材料（作りやすい分量・3〜4人分）
・米　2合　・トマト（完熟）　1個（約150g）
・ミニトマト　15個（140〜150g）
A
　・水　360mℓ
　・酒　大さじ1
　・塩　小さじ1弱
・オリーブ油　小さじ2

作り方
1．米は洗ってザルに上げ、30分ほど置く。トマトはヘタを切り落とし、十字に切り込みを入れる。
2．洗った米を炊飯器に入れ、Aを加える。さっと混ぜて1のトマト、ミニトマトをのせ、普通に炊く。
3．炊き上がったら底から返すようにさっくりと混ぜ、オリーブ油を加えて混ぜる。

こんがりポークソテー

材料（2人分）
・豚肩ロースソテー用肉　1枚（約160g）
　・塩　小さじ1/3
　・こしょう　少々
・にんにく　1/2かけ　・レモン　1個
・粒マスタード　適量　・オリーブ油　小さじ2

作り方
1．豚肉は筋を切り、塩、こしょうで下味をつける。にんにくは潰す。
2．フライパンににんにくとオリーブ油を入れて弱火で熱する。香りが出たら豚肉を加えて弱めの中火にし、両面を2分半ずつ焼く。
3．アルミホイルに取り出して包み、10分ほど置いて肉汁を閉じ込める。
4．ひと口大に切って器に盛り、レモン、粒マスタードを添える。

こんがりにんにくライス

皮ごと焼いたにんにくをお米と炊きます。
炊いたあとは、取り出したにんにくを
アツアツご飯にさっくり混ぜます。
ねっとりとにんにくが香るライスに
甘辛の手羽元を合わせて食欲をそそる献立に。

材料（作りやすい分量・3〜4人分）
・米　2合　・にんにく　6かけ　・昆布（5cm角）　1枚
A
　・水　370㎖　・酒　大さじ2
　・塩　小さじ1　・こしょう　少々
・ごま油　小さじ2

作り方
1．米は洗ってザルに上げ、30分ほど置く。にんにくは
皮つきのまま竹串で数か所刺し、トースターか、焼き網
にのせて転がしながら黒く焦がすように中火で5分焼く。
2．洗った米を炊飯器に入れ、Aを加える。さっと混ぜ
てにんにく、昆布をのせ、普通に炊く。
3．炊き上がったら昆布とにんにくを取り出す。にんに
くは木ベラで潰して皮を取り除く。
4．ご飯に皮を取り除いたにんにくとごま油を加えて底
から返すようにさっくりと混ぜる。

手羽元のコチュジャン絡め煮

材料（2人分）
・手羽元　6本
　・塩　少々　・こしょう　少々
・長ねぎ　1本
A
　・にんにくのすりおろし　1かけ分
　・コチュジャン　大さじ2　・味噌　大さじ2
　・水　200㎖　・酒　大さじ1　・砂糖　小さじ2
・ごま油　小さじ2　・酢　適宜

作り方
1．手羽元は塩、こしょうで下味をつける。長ねぎは5cm
幅に切る。
2．フライパンにごま油を中火で熱し、1を転がしなが
ら全体を3分ほど焼く。
3．手羽元の色が変わり、長ねぎに軽く焼き目がつくま
で焼いたらAを加えて混ぜる。
4．煮立ったら混ぜ、アクが出たら取り除き、弱めの中
火にして煮汁を絡めるように15分ほど煮る。好みで酢適
量を加えてもよい。

にんじんバターライス

甘いバターとにんじん、ほんのりハーブの香り。
にんじんはしっかりと焼いて香ばしさも調味料に。
合わせるスープやおかずは
洋風のものにすると、しっくりと
まとまった献立になります。

材料（作りやすい分量・3〜4人分）
・米　2合　・にんじん　大1本（約200g）
・ローリエ　1枚　・タイム　2本
A
　｜・水　360mℓ　・白ワイン　大さじ2
　｜・レモン汁　小さじ2　・塩　小さじ1/2
・バター　大さじ1

作り方
1．米は洗ってザルに上げ、30分ほど置く。
にんじんは皮をむき、1cm幅の輪切りにする。
2．フライパンにバターを入れ、中火で熱す
る。バターが溶けたらにんじんを加えて動か
さず、両面を2分ずつこんがりと焼く。
3．洗った米を炊飯器に入れ、Aを加える。
さっと混ぜてにんじん、ローリエ、タイムをのせ、普通
に炊く。
4．炊き上がったら底から返すようにさっくりと混ぜる。
〈フライパンで炊く場合〉
洗った米とAを2のフライパンに加える。さっと混ぜてに
んじん、ローリエ、タイムをのせ、蓋をして強火にする。
3分半ほど沸騰するまで炊き、沸騰したら弱火にして15
分炊く。30秒強火にし、火を止めてそのまま10分蒸らす。

玉ねぎとハムのクリームスープ

材料（2人分）
・玉ねぎ　1/2個　・ハム　3枚
・薄力粉　大さじ1と1/2　・牛乳　300mℓ
・生クリーム　50mℓ　・塩　小さじ1/3
・バター　大さじ1

作り方
1．玉ねぎとハムは粗みじん切りにする。
2．鍋にバターを入れ、中火で熱する。バターが溶けた
ら玉ねぎを加えてしんなりするまで2分ほど炒める。
3．ハムを加えてさっと炒め合わせ、薄力粉を加えて粉
気がなくなるまで炒める。
4．牛乳と生クリームを加えて弱めの中火にする。とろ
みがつくまで5分ほど煮込み、塩で味を調える。

≫≫献立≫≫

カリフラワーレモンライス

冬に美味しいカリフラワーを大胆にお米と炊きます。
仕上げのレモン、パルミジャーノで爽やかさとコクを。
サーモンは電子レンジで加熱するだけなので、
とても手軽に作れる献立です。

材料（作りやすい分量・3～4人分）
・米　2合　・カリフラワー　小1株(約200g)　・セージ　2本
A
｜・水　370㎖　・白ワイン　大さじ2　・塩　小さじ1弱
・レモンの皮のせん切り（国産）　1/2個分
・パルミジャーノ・レッジャーノ　適量　・バター　大さじ1

作り方
1．米は洗ってザルに上げ、30分置く。カリフラワーは4等分に切る。
2．洗った米を炊飯器に入れ、Aを加える。さっと混ぜてカリフラワー、セージ、バターをのせ、普通に炊く。
3．炊き上がったらレモンの皮、パルミジャーノ・レッジャーノを削りながら散らす。底から返すようにカリフラワーを崩しながらさっくりと混ぜる（旨みを出すために入れた、カリフラワーのかたい芯は混ぜる際に取り除いてください）。
4．器に盛り、好みでさらにパルミジャーノ・レッジャーノを散らす。
〈鍋で炊く場合〉
洗った米を鍋に入れ、Aを加える。さっと混ぜてカリフラワー、セージ、バターをのせ、蓋をして強火にかける。3分半ほど沸騰するまで炊き、沸騰したら弱火にして15分炊く。30秒強火にし、火を止めてそのまま10分蒸らす。

サーモンと野菜の蒸しもの

材料（2人分）
・サーモン（切り身）　2切れ（約160g）
・ズッキーニ　1本（約160g）　・玉ねぎ　1/4個
A
｜・白ワイン　大さじ1　・オリーブ油　大さじ1
｜・塩　小さじ1/3　・こしょう　少々
・マヨネーズ　適宜

作り方
1．サーモンは3等分に切り、塩少々（分量外）をふる。15分ほど置いて出てきた水気をペーパータオルでふき取る。ズッキーニは縦半分に切り、薄切りにする。玉ねぎも薄切りにする。
2．耐熱皿にズッキーニ、サーモン、玉ねぎを順に重ね入れ、Aをふる。ふんわりとラップを被せ、600Wの電子レンジで5分加熱する。
3．カリフラワーレモンライスとともに器に盛り、好みでマヨネーズを添える。

乱切りさつまいものナッツライス

一見和風のライスでも、ナッツを合わせると
楽しい組み合わせになります。
甘いさつまいもにナッツの食感。
ナッツの代わりにごま塩や塩昆布をのせても美味。
和風のかき玉汁を合わせましたが、
ミルクスープやコンソメスープで洋風にまとめても。

材料（作りやすい分量・3〜4人分）
・米　2合　・さつまいも　小2〜3本（約250g）
・ミックスナッツ　40g　・昆布（5cm角）　1枚
A
　・水　360mℓ　・酒　大さじ2
　・薄口しょうゆ　小さじ2　・塩　小さじ1/2

作り方
1. 米は洗ってザルに上げ、30分ほど置く。
さつまいもは皮を縞目にむいて小さめの乱
切りにし、水にさらす。ミックスナッツは
ざく切りにする。
2. 洗った米を炊飯器に入れ、Aを加える。
さっと混ぜて水気をきったさつまいも、昆
布をのせ、普通に炊く。
3. 炊き上がったら昆布を取り出し、底か
ら返すようにさっくりと混ぜる。器によそ
い、ミックスナッツを散らす。

黒こしょうのかき玉汁

材料（2人分）
・溶き卵　1個分　・だし汁　400mℓ
・味噌（あれば白味噌）　大さじ1と1/2
・水溶き片栗粉
　|　片栗粉　小さじ2　・水小さじ4
・粗挽き黒こしょう　少々

作り方
1. 鍋にだし汁を入れて沸かし、弱めの中火にし、味噌
を溶き入れる。
2. 水溶き片栗粉の材料を混ぜる。1に加えて混ぜ、と
ろみがついたら溶き卵を菜箸に伝わらせながら細く流し
入れる。
3. ふんわりと卵が浮いたら火を止め、器によそって粗
挽き黒こしょうをふる。

どっさり豆もやしライス

シャキシャキの豆もやしがたっぷりのライス！
煮干しとごま油の風味で、いつ食べても美味。
おにぎりにするのもおすすめです。
カロリー控えめでたっぷりと
いただけるのが、何よりうれしい。

材料（作りやすい分量・3〜4人分）
・米 2合 ・豆もやし 1パック（約200g）
・煮干し 10尾
A
　・水 360㎖ ・酒 大さじ1
　・しょうゆ 大さじ1
・太白ごま油 小さじ1
・キムチ 適宜

作り方
1. 米は洗ってザルに上げ、30分ほど置く。
豆もやしはさっと洗って水気をよくきり、ご
ま油をまぶす。煮干しは頭とワタを取り除く。
2. 洗った米を炊飯器に入れ、Aを加える。
さっと混ぜて豆もやし、煮干しをのせ、普通
に炊く。
3. 炊き上がったら底から返すようにさっく
りと混ぜる。
4. 器によそい、好みでキムチを添える。

わかめスープ

材料（2人分）
・わかめ（塩蔵） 10g ・長ねぎ 5cm
A
　・鶏がらスープの素 小さじ1 ・しょうゆ 小さじ1
　・塩 少々 ・こしょう 少々
・炒りごま（白） 適量

作り方
1. わかめはさっと塩を洗い流し、10分ほど水で戻す。
水気を絞り、ひと口大に切る。長ねぎは粗みじん切りに
する。
2. 鍋に水400㎖を入れて火にかける。沸いたらAを加
えてひと煮立ちさせ、1を加えて火を止める。
3. 器によそい、炒りごまをふる。

前編

野菜たっぷり
炊き込みライス

野菜たっぷりの炊き込みライスは、
それだけで主役級。
あとは簡単なスープやおかずを組み合わせるだけで、
バランスのとれた献立になるのが、
「ザ・野菜ライス」です。
この章ではお米と一緒に炊くレシピを紹介します。
シンプルな材料で野菜たっぷり！
身体にも優しく、ダイエット中でも安心。
翌日のお弁当にも喜ばれます。

なす丸ごとしょうがライス

お米と炊いたなすはやわらかく、とにかくジューシー。
大胆に崩しながら混ぜ、仕上げにごま油の香りをほんの少しプラス。
煮干しがよいだしを出してくれるので、調味料もシンプルです。

材料（作りやすい分量・3〜4人分）
・米　2合
・なす　3本（約240g）
・しょうが　1かけ
・煮干し　8尾
A
　・水360㎖
　・酒　大さじ2
　・薄口しょうゆ　大さじ1
・ごま油　大さじ1
・炒りごま（白）　小さじ2

作り方
1．米は洗ってザルに上げ、30分ほど置く。
2．なすは皮を縞目にむき、縦に数本切り込みを入れる。しょうがは太めのせん切りにし、煮干しは頭とワタを取り除く。
3．洗った米を炊飯器に入れ、Aを加える。さっと混ぜて2をのせ、普通に炊く。
4．炊き上がったらごま油を加えて底から返すようになすを潰しながらさっくりと混ぜる。
5．器によそい、炒りごまをふる。

焼きれんこんの青じそライス

れんこんはじっくり焼きつけて
焦がししょうゆで香りをつけるのがポイント。
ほっくりとしたれんこんと梅干しの酸味、
青じその香りで食の進むライスになります。
焼き魚や、味噌汁などを合わせても。

材料（作りやすい分量・3〜4人分）
- 米　2合
- れんこん　200g
- 青じそ　10枚
- 梅干し（塩分18%程度のもの）　1個
- 昆布（5cm角）　1枚

A
　- 水　370mℓ
　- 酒　大さじ2
　- 塩　小さじ1/2
- しょうゆ　小さじ1
- オリーブ油　小さじ2

作り方
1．米は洗ってザルに上げ、30分ほど置く。れんこんは
薄めの乱切りにして5分ほど水にさらす。
2．フライパンにオリーブ油を中火で熱し、水気をよく
ふき取ったれんこんを入れて転がしながら4分ほど焼き
つけるようにじっくり炒める。
3．焼き色がこんがりとついたら、強火にしてしょうゆ
を回しかける。
4．洗った米を炊飯器に入れ、Aを加える。さっと混ぜ
て3、梅干し、昆布をのせ、普通に炊く。
5．炊き上がったら梅干しの種、昆布を取り除く。底か
ら返すようにさっくりと混ぜ、ちぎった青じそを加えて
混ぜる。

焼ききのこたっぷり、厚揚げライス

焼ききのこと厚揚げを一緒に炊き込むヘルシーライス。
食べ応えも十分にあって、良質なタンパク質も一緒にとれます。
好みで炒りごまをふったり、紅しょうがを添えても。

材料（作りやすい分量・3～4人分）
・米　2合
・しいたけ　3枚　・エリンギ　2本（約100g）
・しめじ　1パック（約100g）
・しょうが　1かけ　・厚揚げ　小1枚（約100g）
・ちりめんじゃこ　15g
A
　　・水　360mℓ　・酒　大さじ2
　　・薄口しょうゆ　小さじ2　・塩　少々
・サラダ油　大さじ1
・すだち　適宜

作り方
1．米は洗ってザルに上げ、30分ほ
ど置く。きのこ類はあれば石づきを
切り落とす。しいたけは包丁で切り
込みを入れ、4等分に割る。エリン
ギは半分の長さに切り、6～8等分
に割る。しめじは細かくほぐす。し
ょうがはせん切りにする。
2．フライパンにサラダ油を中火で
熱し、1を加えて木ベラで押さえな
がら両面を3分ほど焼きつける。
3．厚揚げは熱湯をかけて油抜きし、
小さくちぎる。
4．洗った米を炊飯器に入れ、Aを加える。さっと混
ぜて2、3、ちりめんじゃこをのせて普通に炊く。
5．炊き上がったら底から返すようにさっくりと混ぜる。
器によそい、好みですだちを添える。

まいたけとくるみ、牛肉のにんにくライス

だしの代わりにナンプラーを加えて炊き込んだライスは、
レモンの酸味でエスニック風の味つけに。
刻んだ香菜をたっぷり散らし、レモンを搾っていただくのも美味しいです。

材料（作りやすい分量・3〜4人分）
・米　2合　・まいたけ　2パック（約200g）
・くるみ　20g
・牛切り落とし肉　100g
│・塩　少々　・こしょう　少々
A
│・ナンプラー　小さじ2
│・オイスターソース　小さじ2
│・レモン汁　小さじ1
B
│・水　360㎖　・酒　大さじ2
・オリーブ油　小さじ2

作り方
1．米は洗ってザルに上げ、30分ほど置く。まいたけは大きめに割き、くるみは粗く刻む。牛肉は塩、こしょうで下味をつける。
2．鍋、またはフライパンにオリーブ油を中火で熱し、牛肉を1分ほど炒めたら端に寄せる。まいたけを加えて木ベラで押さえながらこんがり焼き色がつくまで2分ほど両面を焼きつけ、A、くるみを加えてさっと全体に絡めて火を止める。
3．洗った米を炊飯器に入れ、2、Bを加えてさっと混ぜ、普通に炊く。
4．炊き上がったら底から返すようにさっくりと混ぜる。
〈鍋で炊く場合〉
洗った米とBを2の鍋に加える。さっと混ぜて蓋をし、強火にする。3分半ほど沸騰するまで炊き、沸騰したら弱火にして15分炊く。30秒強火にし、火を止めてそのまま10分蒸らす。

長芋とにんにく、アンチョビライス

にんにくは竹串で穴を開けて一緒に炊くことで、
強過ぎずに、よい香りがご飯に移ります。
ホクホク、シャキシャキの長芋ライスは
アンチョビの塩気を効かせて洋風に。
魚のムニエル、オムレツなどと合います。

材料（作りやすい分量・3〜4人分）
・米　2合　・長芋　10cm（約150g）
・にんにく　1かけ　・アンチョビ　2枚
A
｜・水　350mℓ　・酒　大さじ2　・ナンプラー　大さじ1
・オリーブ油　大さじ1　・粗挽き黒こしょう　適量

作り方
1. 米は洗ってザルに上げ、30分ほど置く。長芋は皮を
むき、縦4等分に切る。にんにくは皮つきのまま竹串で
数か所刺す。
2. 洗った米を炊飯器に入れ、Aを加える。さっと混ぜ
て長芋、にんにくをのせ、普通に炊く。
3. 炊き上がったらにんにくを取り出す。木ベラで潰し
て皮を取り除き、炊飯器に戻し入れる。アンチョビ、オ
リーブ油を加えて底から返すように長芋を崩しながらさ
っくりと混ぜる。
4. 器に盛り、オリーブ油適量（分量外）を回しかけ、
粗挽き黒こしょうをふる。

クリームチーズオムレツ

材料（2人分）
・卵　3個　・クリームチーズ　50g　・ミニトマト　10個
・イタリアンパセリ　3本　・塩　小さじ1/4
・こしょう　少々　・オリーブ油　大さじ1

作り方
1. イタリアンパセリは葉を摘んで粗く刻み、ミニトマ
トはヘタを取り除く。クリームチーズは4等分にちぎる。
2. ボウルに卵を割りほぐし、クリームチーズとイタリ
アンパセリを加え、塩、こしょうを加えてさっくりと混
ぜる。
3. フライパンにオリーブ油を中火で熱
し、十分に温まったらミニトマトを加え
て1〜2分炒める。
4. 2を一気に流し入れ、ゴムベラで大
きく2回ほど混ぜ、器に盛る。

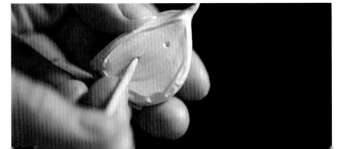

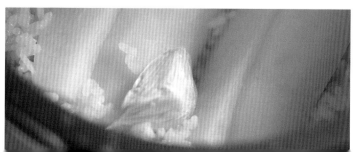

里芋のピラフ風ライス

肉団子入りの具だくさんライスは
忙しい夜の献立に大助かりの一品です。
ここでは豚挽き肉を使っていますが、
好みのものを使ってください。

材料（作りやすい分量・3～4人分）
- 米　2合　・五穀米　大さじ3
- 里芋　3～4個（約250g）
- マッシュルーム（ブラウン）　4個
- にんにく　1かけ
- 豚挽き肉　100g

A
｜・塩　少々　・こしょう　少々

｜・水　380mℓ　・白ワイン　大さじ2　・こしょう　適量
- 味噌　大さじ1　・バター　大さじ1　・レモン　適量

作り方
1．米は洗ってザルに上げ、30分ほど置く。五穀米は茶漉しで洗う。里芋は皮をむいて1.5cm厚さの輪切りにし、塩適量（分量外）でもんで洗い、水気をきる。にんにくは皮つきのまま竹串で数か所刺す。
2．フライパンにバターを入れ、中火で熱する。バターが溶けたら里芋とマッシュルームを加え、両面を3分ずつこんがりと焼く。味噌を加え、さっと絡める。
3．挽き肉は塩、こしょうで下味をつけて小さく握る。
4．洗った米と五穀米を炊飯器に入れ、Aを加える。さっと混ぜて2、3、にんにくをのせ、普通に炊く。
5．炊き上がったらにんにくを取り出し、木ベラで潰して皮を取り除く。底から返すようにさっくりと混ぜて器に盛り、潰したにんにくをのせてレモンを添える。

春菊のスープ

材料（2人分）
- ささみ　2本　・春菊　2株

A
｜・水　400mℓ　・酒　大さじ2　・しょうゆ　小さじ2

作り方
1．ささみは筋を取り除き、2cm幅の斜めそぎ切りにして塩小さじ1/4（分量外）で下味をつける。春菊は1cm幅のざく切りにする。
2．鍋にAとささみを入れ、弱めの中火にかける。10分ほど煮て、アクが出てきたら取り除く。
3．春菊を加え、さっと火を通して器によそう。

れんこんときのこ、
味噌鮭ライス

味噌を塗った生鮭をそのままどんとのせ、
たっぷりのれんこんと一緒に炊き上げます。
味噌の香りとコクがたっぷり楽しめ、
おかずいらずの手軽なレシピです。
おにぎりにしても美味しい。

材料 (作りやすい分量・3〜4人分)
・米　2合　・れんこん　100g
・生鮭 (切り身)　2切れ (約200g)

A
｜・味噌　大さじ2
｜・みりん　小さじ1
｜・すりごま (白)　大さじ1

B
｜・だし汁　370mℓ
｜・酒　大さじ2

・すだち　適量

作り方

1. 米は洗ってザルに上げ、30分ほど置く。れんこんは5㎜厚さのいちょう切りにし、5分ほど水にさらす。生鮭は合わせたAを塗る。

2. 洗った米を炊飯器に入れ、Bを加える。さっと混ぜて水気をきったれんこん、生鮭をそのままのせ、普通に炊く。

3. 炊き上がったら鮭の骨を取り除いてほぐし、底から返すようにさっくりと混ぜる。器に盛り、好みですだちを添える。

〈鍋で炊く場合〉

洗った米を鍋に入れ、Bを加える。さっと混ぜて水気をきったれんこん、Aを塗った生鮭をのせ、蓋をして強火にかける。3分半ほど沸騰するまで炊き、沸騰したら弱火にして15分炊く。30秒強火にし、火を止めてそのまま10分蒸らす。

塩もみ大根の梅ライス

赤い小梅の色が可愛い炊き込みライス。大根は塩もみすることで、
大根特有の香りがご飯につきにくくなります。
さっぱりしたものが食べたいときにもおすすめです。

材料（作りやすい分量・3〜4人分）
・米　2合
・大根　150g
・カットわかめ　5g
・カリカリ小梅　8個
・昆布（5cm角）　1枚
A
・水　360㎖
・酒　大さじ2
・薄口しょうゆ　小さじ2

作り方
1．米は洗ってザルに上げ、30分ほど置く。大根はせん切りにし、ボウルに入れる。塩少々（分量外）をふり、よくもんで5分ほど置き、水気をしっかり絞る。
2．洗った米を炊飯器に入れ、Aを加える。さっと混ぜて大根、わかめ、小梅、昆布をのせ、普通に炊く。
3．炊き上がったら昆布を取り出し、底から返すようにさっくりと混ぜる。

刻みえのきとにらたっぷり、豚バラライス

刻んだにらがなんともよい香り。
お米は一度炒めてから炊くので、ツヤツヤの炊き上がり。
キムチを添えたり、わかめスープと組み合わせても。

材料（作りやすい分量・3～4人分）
- 米　2合　・えのきだけ　1パック（約100g）
- にら　1/2束
- 豚バラ薄切り肉　100g
| ・塩　少々　・こしょう　少々
A
| ・水　350mℓ　・酒　大さじ2
| ・しょうゆ　大さじ1と1/2
- 豆板醤　小さじ1/3
- ごま油　大さじ1
- 炒りごま（白）　適量

作り方
1. 米は洗ってザルに上げ、30分ほど置く。えのきだけ
は根元を切り落とし、2cm幅に切る。にらは2cm幅に切る。
豚肉は5cm幅に切り、塩、こしょうで下味をつける。

2. フライパンにごま油を弱火で熱し、豆板醤を加えて
炒める。香りが出たら豚肉を加え、2分ほど中火にして
炒める。脂が出てきたらペーパータオルでふき取る。

3. 洗った米を加えて全体に油が回る程度に炒める。

4. 炊飯器に移してAを加えて混ぜる。えのきだけとに
らをのせ、普通に炊く。

5. 炊き上がったら底から返すようにさっくりと混ぜて
器に盛り、炒りごまをふる。

九条ねぎの油揚げライス

九条ねぎと油揚げだけのシンプルな炊き込みライスです。
残って冷めてしまったら、お茶漬けにしてどうぞ。
好みでしょうがのせん切りを一緒に炊き込んでも。

材料（作りやすい分量・3〜4人分）
・米　2合
・九条ねぎ　4本
・油揚げ　1枚
A
┌ ・だし汁　340mℓ
│ ・酒　大さじ1
│ ・みりん　大さじ1
└ ・しょうゆ　大さじ2

作り方
1．米は洗ってザルに上げ、30分ほど置く。九条ねぎ
は1cm幅の小口切りにする。油揚げは熱湯をかけて油抜
きし、細切りにする。
2．洗った米を炊飯器に入れ、Aを加える。さっと混ぜ
て九条ねぎと油揚げをのせて普通に炊く。炊き上がった
ら底から返すようにさっくりと混ぜる。

いんげんと豚こまのウスターバターライス

スパイシーな香りが食欲をそそるライスです。
カレー味が食べたいけどカレーは重い、なんてときにおすすめ。
スイートコーンを加えたり、豚肉の代わりにベーコンを使っても。

材料(作りやすい分量・3〜4人分)
・米　2合
・さやいんげん　10本
・玉ねぎ　1/2個
・にんにく　1/2かけ
・豚こま切れ肉　200g
　・塩　少々
　・こしょう　少々
　・薄力粉　適量
A
　・水　360mℓ
　・ウスターソース　大さじ3
　・塩　小さじ1弱
　・こしょう　適量
・カレー粉　大さじ2
・バター　大さじ1

作り方
1．米は洗ってザルに上げ、30分ほど置く。さやいんげんは2〜3等分に斜め切りにする。玉ねぎは粗みじん切り、にんにくはみじん切りにする。豚肉は塩、こしょうで下味をつけ、薄力粉を薄くまぶしてぎゅっと握り、小さめに丸める。
2．フライパンにバターとにんにくを入れ、弱火で熱する。香りが出るまで炒めたら中火にし、玉ねぎを加えてしんなりするまで2分ほど炒める。
3．カレー粉を加えて粉っぽさがなくなるまで炒める。洗った米を加えて全体に油が回る程度に炒める。

4．炊飯器に移してAを加えて混ぜ、豚肉とさやいんげんをのせ、普通に炊く。
〈フライパンで炊く場合〉3のフライパンに豚肉とさやいんげんをのせ、蓋をして強火にする。3分半ほど沸騰するまで炊き、沸騰したら弱火にして15分炊く。30秒強火にし、火を止めてそのまま10分蒸らす。

炊き込みビビンパライス

ナムルを作る手間がいらないビビンパ。
にんじん、豆もやし、にらに挽き肉。
濃いめのライスはえごまや、
サラダ菜に包んでも存在感大。
温玉は目玉焼きにすれば香ばしさが増します。

材料（作りやすい分量・3〜4人分）
・米　2合
・にんじん　小1/3本（約30g）
・豆もやし　1/2パック（約100g）
・にら　1/2束
・豚挽き肉　150g
A
│ ・水　340mℓ　・コチュジャン　大さじ2
│ ・酒　大さじ2　・みりん　大さじ1
│ ・しょうゆ　大さじ1　・味噌　大さじ1/2
│ ・にんにくのすりおろし　1/2かけ分
・ごま油　小さじ2　・温玉　2個
・えごま　6枚　・コチュジャン　適量

作り方
1．米は洗ってザルに上げ、30分ほど置く。にんじんは
皮をむいて4cm長さのせん切り、にらは2cm幅に切る。
Aは混ぜておく。
2．フライパンにごま油を中火で熱し、挽き肉を炒める。
1分ほど炒めて色が変わったらにんじん、豆もやし、に
らを加えてさっと炒める。洗った米を加えて全体に油が
回る程度に炒める。
3．炊飯器に移してAを加えてさっと混ぜ、普通に炊く。
4．炊き上がったら底から返すようにさっくりと混ぜて
器に盛り、温玉をのせ、えごまとコチュジャンを添える。
〈フライパンで炊く場合〉
2のフライパンにAを加えて混ぜ、蓋をして強火にする。
3分半ほど沸騰するまで炊き、沸騰したら弱火にして15
分炊く。30秒強火にし、火を止めてそのまま10分蒸らす。

中華おこわ風ライス

炊飯器で作る簡単な中華おこわ風ライスです。
白米なので、もち米よりも軽い味わい。
干し海老、うずらや甘栗を加えて炊けば、
おもてなしにもぴったり。
冷めても美味しいので、お弁当にも。

材料（作りやすい分量・3〜4人分）
・米　2合
・しいたけ　4枚
・にんじん　小2/3本（約60g）
・しょうが　1かけ
・ぎんなん（水煮）　12個
・豚バラ薄切り肉　100g
　・塩　少々
　・こしょう　少々
A
　・水　340ml
　・酒　大さじ2
　・しょうゆ　大さじ1と1/2
　・オイスターソース　小さじ2
　・砂糖　1つまみ
・ごま油　小さじ2

作り方
1．米は洗ってザルに上げ、30分ほど置く。しいたけは
石づきを切り落とし、4等分に切る。にんじんは皮をむ
いて3cm長さの太めのせん切り、しょうがはせん切りに
する。豚肉は2cm幅に切り、塩、こしょうで下味をつける。
2．フライパンにごま油を中火で熱し、しょうがを炒め
る。香りが出たら豚肉、にんじん、しいたけを加え、2
分ほど炒める。
3．洗った米とぎんなんを加え、さっと炒める。全体に
油が回ったら炊飯器に移してAを加えてさっと混ぜ、普
通に炊く。炊き上がったら底から返すようにさっくりと
混ぜる。

パプリカの手羽元ライス

甘いパプリカを手羽元と一緒に
炊き込んだボリューム満点のライス。
パプリカパウダーの香りで美味しさが倍増。
手羽元はしっかり焼き目をつけるように
炒めるのがポイントです。

材料（作りやすい分量・3〜4人分）
- 米　2合
- パプリカ（赤・黄）　各1/2個
- 玉ねぎ　1/4
- にんにく　1かけ
- 手羽元　4本
  - 塩　小さじ1/4
  - パプリカパウダー　大さじ1/2

A
  - 水　370mℓ　・白ワイン　大さじ2
  - 塩　小さじ1
- トマトペースト　大さじ2
- オリーブ油　大さじ1
- 茹で卵　1個

作り方
1．米は洗ってザルに上げ、30分ほど置く。パプリカはヘタと種を除き、2cm角に切る。玉ねぎは粗みじん切り、にんにくはみじん切りにする。手羽元は骨にそって切り込みを入れ、塩とパプリカパウダーで下味をつける。
2．フライパンにオリーブ油を中火で熱し、手羽元を転がしながら3〜4分焼きつけるように炒めて取り出す。
3．同じフライパンに玉ねぎとにんにくを加え、2分ほど中火でしんなりするまで炒める。
4．トマトペーストと米を加え、さっと炒め合わせる。
5．炊飯器に移してAを加えてさっと混ぜ、手羽元とパプリカをのせて普通に炊く。
6．炊き上がったら底から返すようにさっくりと混ぜ、仕上げにざく切りにした茹で卵を散らし、パプリカパウダー（分量外）をふる。

〈フライパンで炊く場合〉
トマトペーストと洗った米を3のフライパンに加えて炒め合わせ、Aを加える。さっと混ぜて手羽元とパプリカをのせて蓋、またはアルミホイルを被せ、強火にする。3分半ほど沸騰するまで炊き、沸騰したら弱火にして15分炊く。30秒強火にし、火を止めてそのまま10分蒸らす。

大豆とひじきの桜海老ライス

大豆、押し麦、ひじき、女性にうれしい要素がたっぷり。
桜海老、昆布、そして大豆からもだしが出るので、
シンプルな材料でも美味しく炊き上がります。

材料（作りやすい分量・3〜4人分）
・米　2合
・押し麦　45g
・炒り大豆　60g
・芽ひじき　5g
・桜海老　5g
・昆布（5cm角）　1枚
・しょうが　1かけ

A
・水　380mℓ
・酒　大さじ2
・薄口しょうゆ　大さじ1
・三つ葉　4〜5本

作り方

1. 米は洗ってザルに上げ、30分ほど置く。押し麦はさっと洗って水気をきる。芽ひじきはさっと洗って10分ほど水で戻し、水気をきる。しょうがはせん切りにする。

2. 洗った米と押し麦を炊飯器に入れ、Aを加える。さっと混ぜ、炒り大豆、芽ひじき、桜海老、昆布、しょうがをのせて普通に炊く。

3. 炊き上がったら昆布を取り出して底からさっくりと混ぜ、器に盛り、三つ葉を添える。

にんじんのツナミルクライス

手頃な材料で作れるミルクライス。
ツナを缶汁ごと加え、にんじんの甘さと牛乳のコクで
子どもも好きな味の炊き込みライスになります。

材料（作りやすい分量・3～4人分）
- 米　2合
- にんじん　1本（約150g）
- 玉ねぎ　1/4個
- ツナ缶　大1缶（約140g）

A
  - 水　260～280㎖
  - 牛乳　100㎖
  - 塩　小さじ1弱
  - こしょう　適量
- バター　小さじ1
- サラダ菜　4枚
- 粉チーズ　適宜

作り方
1. 米は洗ってザルに上げ、30分ほど置く。にんじんは皮をむいて5㎝長さのせん切り、玉ねぎは粗みじん切りにする。
2. 洗った米を炊飯器に入れ、Aとツナを缶汁ごと加える。さっと混ぜ、にんじん、玉ねぎ、バターをのせ、普通に炊く。
3. 炊き上がったら底から返すようにさっくりと混ぜる。サラダ菜を添えて器に盛り、好みで粉チーズをふる。

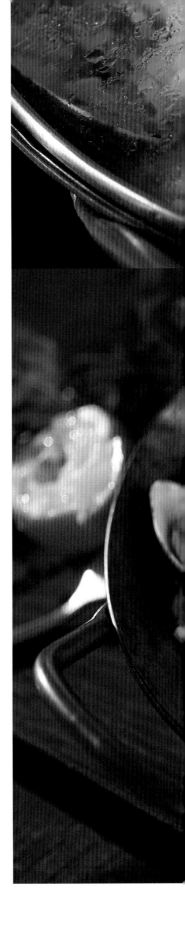

ミニトマトたっぷり、あさりパエリア

甘酸っぱいトマトとあさりのだしが
楽しめるフライパンライスです。
パエリアは通常洗わずに炒めて作るので、
気になる方は無洗米を使用してください。
好みで海老やにんにくを加えても。

材料（作りやすい分量・3〜4人分）
- 無洗米（または洗っていない米）　2合
- あさり　200g
- ミニトマト（赤・黄）　各10個
- 玉ねぎ　1/4個

A
- 湯　350mℓ
- 白ワイン　大さじ2
- 塩　小さじ1/2
- オリーブ油　大さじ1
- レモン　1/2個
- イタリアンパセリ　適量

作り方
1. あさりは砂出しし、流水でこすり洗いする。ミニトマトはヘタを取り除き、玉ねぎは粗みじん切りにする。
2. フライパンにオリーブ油を中火で熱し、玉ねぎを加えて2〜3分しんなりするまで炒める。
3. 米を加えて混ぜ合わせるようにしながら透き通るまで炒める。
4. Aを加えてさっと混ぜる。ミニトマトとあさりをのせて蓋をし、沸騰したら弱火にして15分炊く。30秒強火にし、火を止めてそのまま10分蒸らす。
5. 炊き上がったら底から返すようにさっくりと混ぜ、レモンを搾り、イタリアンパセリを添える。

中編

野菜たっぷり
寸前混ぜライス

炊き上がったばかりのホカホカご飯に
野菜を加えて軽く蒸した寸前混ぜライス。
野菜の香りもご飯に移り、
シャキシャキ感も楽しい！
お肉やお魚も入って、ボリューム満点だから
忙しいときにももってこいの
おかずいらずライスです。

豆苗としめじの牡蠣バターライス

プリプリの牡蠣と色鮮やかな豆苗をまとめるのは、バター。
旬の牡蠣が手に入ったら、必ず作りたいライスのひとつです。
ご飯が炊けたら、豆苗をドバッとのせて蒸らしたら、豪快に混ぜて！

材料（作りやすい分量・3～4人分）
- 米　2合
- 豆苗　1パック（約100g）
- しめじ　1パック（約100g）
- 昆布（5cm角）　1枚
- 牡蠣　8粒
  - 塩　適量　・片栗粉　適量
  - しょうゆ　大さじ1
A
  - 水　340mℓ　・酒　50mℓ
  - しょうゆ　大さじ1
  - 塩　小さじ1/2
- バター　大さじ1
- すだち　適宜

作り方
1. 米は洗ってザルに上げ、30分ほど置く。
2. 豆苗は根元を切り落とし、2cm幅に切る。しめじは石づきを切り落とし、ほぐす。
3. 牡蠣は塩と片栗粉をまぶして汚れを落とし、流水で洗う。ペーパータオルで水気をふき取り、しょうゆをさっとまぶして下味をつける。
4. 洗った米を炊飯器に入れ、Aを加える。さっと混ぜて昆布、しめじ、牡蠣、バターをのせ、普通に炊く。
5. 炊き上がったら豆苗をのせてそのまま10分ほど蒸らし、昆布を取り出して底から返すようにさっくりと混ぜる。
6. 器によそい、好みですだちを添える。

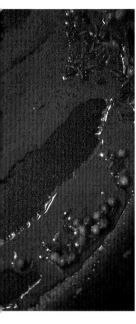
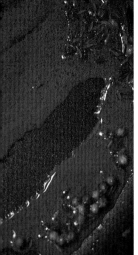

ズッキーニとラム、ドライトマトのレモンライス

薄切りズッキーニを加えた
エスニックライスです。
ラム肉とスパイスの香りに、
ドライトマトの甘み、
サワークリームの酸味が合います。

材料（作りやすい分量・3〜4人分）
・米　2合　・ズッキーニ　1/2本（約80g）
・玉ねぎ　1/2個　・ドライトマト（オイル漬け）　40g
・ラム切り落とし肉　150g
　| ・塩　小さじ1/4　・こしょう　少々
・スパイス
　| ・シナモンスティック　1本　・クローブ　2個
　| ・ローリエ　2枚　・コリアンダーシード　小さじ1/2
　| ・クミンシード　小さじ1/2　・ターメリック　小さじ2
A
　| ・水　360㎖　・レモン汁　大さじ3　・塩　小さじ1/2
・トマトペースト　大さじ1
・ココナッツ油（またはサラダ油）　大さじ2
・サワークリーム　適宜

作り方
1．米は洗ってザルに上げ、30分ほど置く。ズッキーニ
はごく薄い輪切り、玉ねぎは粗みじん切りにする。ドラ
イトマトは細切りにする。ラム肉は塩、こしょうで下味
をつける。
2．フライパンにココナッツ油を中火で熱し、スパイス
を加えて香りが出るように混ぜながら炒める。
3．玉ねぎを加えて2分半ほど水分を飛ばすように炒め、
さらにトマトペーストを加えて炒め合わせる。
4．洗った米とドライトマトを加え、米が透き通るまで
混ぜながら炒める。
5．炊飯器に移し、Aを加えてさっと混ぜる。ラム肉を
のせて蓋をし、普通に炊く。
6．炊き上がったらズッキーニをのせ、10分ほど蒸らす。
7．底から返すようにさっくりと混ぜて器によそい、好
みでサワークリームを添える。
〈フライパンで炊く場合〉
洗った米とドライトマトを3のフライパンに加え、米が
透き通るまで炒める。Aを加えてさっと混ぜてラム肉を
のせ、蓋をして強火にする。3分半ほど沸騰するまで炊
き、沸騰したら弱火にして15分炊く。30秒強火にし、火
を止めてズッキーニをのせてそのまま10分蒸らす。

薄切りれんこんとタコ、切り昆布の梅ライス

タコと昆布の旨みが染みたライスに、れんこんのシャキシャキした食感。
れんこんはごく薄く切るのが、このレシピのポイントです。
おにぎりにしても、お弁当に入れても喜ばれる一品。

材料（作りやすい分量・3〜4人分）
・米　2合　・れんこん　100g
・しょうが　1かけ　・茹でダコ　150g
・切り昆布　20g
A
├ ・切り昆布の戻し汁　360㎖　・酒　大さじ2
├ ・薄口しょうゆ　大さじ1
・炒りごま（白）　適量

作り方

1. 米は洗ってザルに上げ、30分ほど置く。れんこんは
ごく薄いいちょう切りにし、5分ほど水にさらして水気
をきる。しょうがはせん切りにする。タコは1cm幅の輪
切り、切り昆布は水400㎖で戻す。

2. 洗った米を炊飯器に入れ、Aを加える。さっと混ぜ
てしょうが、タコ、戻した昆布をのせ、普通に炊く。

3. 炊き上がったられんこんをのせてそのまま10分ほど
蒸らし、底から返すようにさっくりと混ぜる。

4. 器によそい、炒りごまをふる。

きゅうりの鯖缶ライス

鯖缶は水煮を使いますが、好みで味噌煮を使っても。
きゅうりの食感が小気味よく、濃厚な鯖ライスをさっぱり仕上げます。
みょうがや、青じそなど好みの香味野菜を加えて楽しんでください。

材料（作りやすい分量・3〜4人分）
- 米　2合
- きゅうり　1本（約100g）
- しょうが　1かけ
- 鯖缶（水煮）　1缶（約190g）

A
｜・水　340mℓ　・酒　大さじ2
- 岩海苔　適宜

作り方
1. 米は洗ってザルに上げ、30分ほど置く。きゅうりは薄い小口切りにし、塩少々（分量外）をふって5分ほど置き、水気を絞る。しょうがはせん切りにする。
2. 洗った米を炊飯器に入れ、Aと鯖を缶汁ごと加える。さっと混ぜてしょうがを散らし、普通に炊く。
3. 炊き上がったらきゅうりをのせてそのまま10分ほど蒸らし、底から返すようにさっくりと混ぜる。
4. 器によそい、好みで岩海苔を添える。

かぶと豆腐のたらこライス

大胆にたらこ、豆腐、昆布をのせて
炊いたライスの仕上げは角切りのかぶ。
シャキシャキと甘いかぶが
たらこの塩気とよく合います。
好みですだちを搾っても。

材料（作りやすい分量・3〜4人分）
・米　2合　・押し麦　15g　・かぶ　2個（約160g）
・たらこ　1/2〜1腹（約60g）
・木綿豆腐　1/2丁（約150g）
・昆布（5cm角）　1枚
A
　｜・水　340mℓ　・酒　大さじ2
　｜・みりん　大さじ1　・薄口しょうゆ　大さじ1

作り方
1．米は洗ってザルに上げ、30分ほど置く。押し麦はさっと洗って水気をきる。かぶは皮をむいて1cm角に、茎は葉ごと2cm幅に切る。たらこは包丁で切り込みを入れる。
2．洗った米と押し麦を炊飯器に入れ、Aを加える。さっと混ぜ、たらこ、豆腐、昆布をのせ、普通に炊く。
3．炊き上がったらかぶ、その茎と葉をのせ、そのまま10分ほど蒸らし、底から返すようにさっくりと混ぜる。
〈鍋で炊く場合〉
洗った米と押し麦を鍋に入れ、さっと混ぜる。たらこ、豆腐、昆布をのせて蓋をし、強火にかける。3分半ほど沸騰するまで炊き、沸騰したら弱火にして15分炊く。30秒強火にし、火を止めてかぶ、その茎と葉をのせてそのまま10分蒸らす。

ほうれん草のナッツ和え

材料（2人分）
・ほうれん草　1束（約300g）　・ミックスナッツ　20g
・ポン酢　小さじ2　・オリーブ油　小さじ1

作り方
1．ほうれん草は根元に十字に切り込みを入れる。ミックスナッツは粗みじん切りにする。
2．鍋に湯を沸かし、塩少々（分量外）を加えてほうれん草をさっと茹でる。
3．流水にさらして水気を絞り、3cm幅に切る。
4．ボウルにほうれん草、ミックスナッツ、ポン酢、オリーブ油を入れてよく混ぜる。

キャベツと鱈、オリーブライス

オリーブとローリエの香りを
生鱈とととともに炊き込んだ
洋風ライスはスープと合わせます。
カレイやスズキなど、
魚は好みの白身魚を使っても。

材料（作りやすい分量・3〜4人分）
・米　2合　・キャベツ　2枚（約160g）　・玉ねぎ　1/2個
・生鱈　2切れ（約200g）
｜・塩　少々　・こしょう　少々
・ミックスオリーブ　8個　・ローリエ　1枚
A
｜・水　350mℓ　・白ワイン　大さじ3　・塩　小さじ1
・オリーブ油　小さじ2

作り方
1．米は洗ってザルに上げ、30分ほど置く。キャベツはせん切り、玉ねぎは薄切りにする。生鱈はザルにのせて塩をふって10分ほど置く。ペーパータオルで水気をふき、こしょうをふる。
2．フライパンにオリーブ油を中火で熱し、鱈を皮目から両面を1分半ずつ焼いて取り出す。
3．同じフライパンで玉ねぎをしんなりするまで炒める。
4．洗った米を加えて全体に油が回る程度に炒める。炊飯器に移し、Aを加えてさっと混ぜる。鱈、ミックスオリーブ、ローリエをのせ、普通に炊く。
5．炊き上がったらキャベツをのせてそのまま10分ほど蒸らす。鱈の皮と骨を取り除き、底から返すようにさっくりと混ぜる。

マッシュルームミルクスープ

材料（2人分）
・マッシュルーム（ブラウン）　6個
・じゃがいも　1個（約100g）　・玉ねぎ　1/4個
・にんにくすりおろし　少々　・牛乳　200mℓ
・塩　小さじ1/4　・こしょう　少々　・バター　大さじ1

作り方
1．マッシュルームと玉ねぎは薄切りにする。じゃがいもは薄いいちょう切りにする。
2．鍋にバターを弱めの中火で熱し、マッシュルームと玉ねぎを5分ほど炒め、塩少々（分量外）をふる。水分が飛んで、しんなりしたらじゃがいもを加えてさっと炒める。
3．水200mℓを加え、沸騰したら弱火にして蓋をし、5分ほど煮る。
4．木ベラなどでじゃがいもを粗く潰し、牛乳を加える。再度沸騰したらにんにくを加え、塩、こしょうで味を調える。

菊花と香味野菜、鯵ライス

菊花、香味野菜、鯵の香ばしさが
口中に広がる贅沢な寸前混ぜライス。
干物はお好みのものでもかまいません。
山椒を入れると上品な味に仕上がります。
そのままでももちろん、だし茶漬けにしても。

材料（作りやすい分量・3〜4人分）
・米　2合　・雑穀米　30g
・菊花　4〜5輪　・春菊　1/2束
・みょうが　2本　・しょうが　1/2かけ
・鯵の干物　1枚　・山椒（塩漬け）　小さじ1
A
　・水　380mℓ　・酒　大さじ2
　・薄口しょうゆ　小さじ2

作り方

1. 米は洗ってザルに上げ、30分ほど置く。雑穀米は茶漉しで洗う。菊花は花びらを摘み、春菊はざく切りにする。みょうがは小口切り、しょうがはせん切りにする。春菊とみょうがは水にさらし、鯵は焼いておく。

2. 洗った米と雑穀米を炊飯器に入れ、Aを加える。さっと混ぜて焼いた鯵と山椒をのせ、普通に炊く。

3. 炊き上がったら、菊の花びら、しょうが、水気をきった春菊とみょうがをのせ、10分ほど蒸らす。鯵の頭と尾、骨を取り除き、底から返すようにさっくりと混ぜる。

〈鍋で炊く場合〉

洗った米と雑穀米を鍋に入れ、さっと混ぜる。焼いた鯵と山椒をのせて蓋をし、強火にかける。3分半ほど沸騰するまで炊き、沸騰したら弱火にして15分炊く。30秒強火にし、火を止めてそのまま10分ほど蒸らす。菊の花びら、しょうが、水気をきった春菊とみょうがをのせ、10分蒸らす。

せん切りピーマンの塩鯖ライス

ほんのり苦みの残るピーマンに
濃厚な鯖の旨みを合わせたライスです。
そのままでも美味しいけれど、
おにぎりにして食べると、また楽しくなります。
おかずいらずのお弁当にももってこいです。

材料（作りやすい分量・3〜4人分）
・米　2合
・ピーマン　3個（約120g）
・塩鯖（半身）　1枚（約200g）
・昆布（5cm角）　1枚
A
　・水　360㎖
　・酒　大さじ2
　・薄口しょうゆ　小さじ2
・太白ごま油　小さじ1

作り方
1．米は洗ってザルに上げ、30分ほど置く。ピーマンは
ヘタと種を取り除き、横にせん切りにしてごま油をまぶ
す。塩鯖は2cm幅に切り、焼いておく。
2．洗った米を炊飯器に入れ、Aを加える。さっと混ぜ
て焼いた鯖と昆布をのせ、普通に炊く。
3．炊き上がったらピーマンをのせてそのまま10分ほど
蒸らす。鯖の骨を取り除いて底から返すようにさっくり
と混ぜる。器によそうか、おにぎりにする。

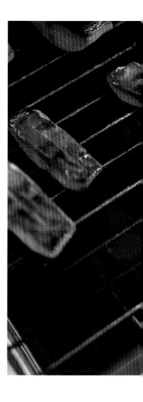

ブロッコリーと鶏もも、ナンプラーライス

鶏肉の旨みが染み込んだご飯にたっぷりのブロッコリー。
たくさん食べてもヘルシーなのがうれしいライスです。
さらにヘルシーに仕上げたいときは鶏むね肉にしても。

材料（作りやすい分量・3〜4人分）
・米　2合　・ブロッコリー　1/2株（約150g）
・にんにく　1かけ　・鶏もも肉　1枚（約250g）
A
　　・水　360ml　・酒　大さじ2
　　・ナンプラー　大さじ1
・バター　大さじ1
・ライム　適宜　・香菜　適宜

作り方
1．米は洗ってザルに上げ、30分ほど置く。ブロッコリーはざく切り、にんにくは潰す。鶏肉は塩、こしょう各少々（ともに分量外）で下味をつける。
2．フライパン、または鍋にバターとにんにくを入れ、弱火で炒める。香りが出たら、鶏肉を皮目から木ベラなどで押さえながらこんがりと4分ほど焼き、裏返してさらに2分焼きつけて取り出す。
3．洗った米を同じフライパンで全体に油が回る程度に炒める。炊飯器に移してAを加えてさっと混ぜ、2の鶏肉をのせ、普通に炊く。
4．炊き上がったらブロッコリーをのせて10分ほど蒸らす。鶏肉を取り出してひと口大に切り、炊飯器に戻し入れ、底から返すようにさっくりと混ぜる。好みでライムと香菜を添える。

三つ葉と長芋の甘辛牛肉ライス

長芋はできるだけ細く切ると美味しいので、
あればスライサーを使用するとよいでしょう。
長芋と三つ葉の香りと食感や、甘辛い牛肉が食欲を誘います。

材料（作りやすい分量・3〜4人分）
・米　2合
・長芋　10cm（約150g）
・三つ葉　1束（約30g）
・昆布（5cm角）　1枚
・牛切り落とし肉　150g

A
・水　100mℓ　・しょうゆ　大さじ2と1/2
・酒　小さじ2　・砂糖　小さじ2
・ゆずこしょう　小さじ1/2
・酒　大さじ2　・サラダ油　小さじ2

作り方
1．米は洗ってザルに上げ、30分ほど置く。長芋は5cm
長さの細めのせん切りにする。三つ葉はざく切りにする。
2．フライパンにサラダ油を中火で熱し、牛肉を加えて
さっと炒める。色が変わったらAを加えて3分ほど煮て、
ザルで漉して煮汁と牛肉に分ける。
3．米を炊飯器に入れ、煮汁、酒を加えて2合の目盛りまで
水を注いで混ぜる。昆布と牛肉をのせ、普通に炊く。
4．炊き上がったら長芋と三つ葉をのせてそのまま10分
ほど蒸らし、底から返すようにさっくりと混ぜる。

白菜とエリンギ、ピリ辛味噌豚ライス

なかなか使いきれない白菜も、ご飯と一緒に炊けば、
その新しい美味しさを発見できるはず。
ピリリと辛く、おかずいらずで食が進みます。

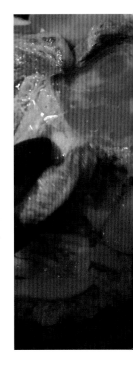

材料（作りやすい分量・3〜4人分）
- 米　2合　・白菜　2枚（約120g）
- エリンギ　2本（約100g）　・しょうがの薄切り　3枚
- 豚肩ロースとんかつ用肉　1枚（約160g）
  - 塩　少々　・こしょう　少々

A
- 水　340mℓ　・味噌　大さじ2　・酒　大さじ2
- みりん　大さじ1　・豆板醤　小さじ1
- しょうゆ　小さじ1
- ごま油　小さじ2

作り方

1．米は洗ってザルに上げ、30分ほど置く。白菜は繊維を切るように横に1cm幅に切る。塩少々（分量外）でもみ、出てきた水気をしっかり絞る。エリンギは縦8等分に割く。豚肉は筋切りし、塩、こしょうで下味をつける。

2．フライパンにごま油を中火で熱し、豚肉の両面を1分半ずつ焼く。

3．洗った米を炊飯器に入れ、Aを加える。さっと混ぜ、焼いた豚肉、エリンギ、しょうがをのせ、普通に炊く。

4．炊き上がったら白菜をのせてそのまま10分ほど蒸し、豚肉を取り出す。食べやすい大きさに切り、炊飯器に戻し入れて底からさっくりと混ぜる。

レタスたっぷり、懐かしケチャップライス

たまに無性に食べたくなるオムライス。
このレシピだと炊飯器ひとつで作れ、レタスもたっぷり。
卵はスクランブルエッグにして添えても。

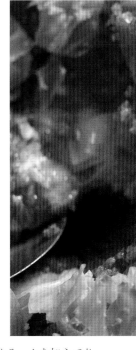

材料（作りやすい分量・3〜4人分）
- 米　2合　・レタス　1/2個（約200g）
- 玉ねぎ　1/4個　・さやいんげん　4本
- 鶏むね肉　100g
　| ・塩　少々　・こしょう　少々
- 卵　2個

A
　| ・水　370ml　・白ワイン　大さじ2
　| ・塩　小さじ1/2
- ケチャップ　大さじ7　・バター　小さじ2

作り方

1．米は洗ってザルに上げ、30分置く。レタスはざく切り、玉ねぎはみじん切り、さやいんげんは1cm幅に切る。鶏肉は1cm角に切り、塩、こしょうで下味をつける。

2．フライパンにバターを中火で熱し、玉ねぎ、さやいんげん、鶏肉を順に加えて2分ほど炒める。鶏肉の色が変わったらケチャップを加え、フライパンの端で焦がすように炒める。

3．洗った米を加え、全体にケチャップが回るまで炒める。

4．炊飯器に移してAを加えてさっと混ぜ、普通に炊く。

5．炊き上がったら卵を割り入れ、レタスをのせてそのまま10分ほど蒸らし、底からさっくりと混ぜる。

〈フライパンで炊く場合〉

洗った米を2のフライパンに加え、全体にケチャップが回るまでまで炒める。Aを加えてさっと混ぜて蓋をし、強火にする。3分半ほど沸騰するまで炊き、沸騰したら弱火にして15分炊く。30秒強火にし、火を止めて卵を割り入れ、レタスをのせて10分蒸らす。

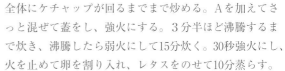

カリフラワーと
ベーコンのピラフ

ピクルスの酸味とベーコンの塩気が、
カリフラワーのほのかな甘みを引き立てます。
カリフラワーをたっぷり加えることで、
糖質が減らせて腹持ちもよいので、
ランチライスにもおすすめです。

材料（作りやすい分量・3〜4人分）
・米　2合　・カリフラワー　1/2株（約150g）
・玉ねぎ　1/2個　・にんにく　1かけ
・ピクルス　4本
・ベーコン（ブロック）　150g
・タイム　2〜3本
A
　・水　360ml　・白ワイン　大さじ2
　・しょうゆ　小さじ1　・こしょう　適量
・オリーブ油　大さじ1

作り方

1. 米は洗ってザルに上げ、30分ほど置く。カリフラワーは小房に分け、5㎜幅の薄切りにする。玉ねぎは粗みじん切り、にんにくはみじん切りにする。ピクルスは縦4等分、ベーコンは1㎝角の棒状に切る。

2. フライパンにオリーブ油を中火で熱し、玉ねぎ、にんにくを加えて炒める。玉ねぎがしんなりするまで2分ほど炒めたらベーコンとピクルスも加えてさっと炒め、洗った米も加えて全体に油が回る程度に炒める。

3. 炊飯器に移し、Aを加える。さっと混ぜてタイムを

のせ、普通に炊く。

4. 炊き上がったらカリフラワーをのせてそのまま10分ほど蒸らし、底から返すようにさっくりと混ぜる。

〈フライパンで炊く場合〉

2のフライパンにAを加える。さっと混ぜてタイムをのせ、蓋をして強火にする。3分半ほど沸騰するまで炊き、沸騰したら弱火にして15分炊く。30秒強火にし、火を止めてカリフラワーをのせてそのまま10分蒸らす。

薄切りアスパラガスの
鯛ライス

蒸されたアスパラガスの香りが
立ち昇る上品な鯛ライスです。
鯛の代わりに手軽な塩鮭を使っても。
口の中で弾ける山椒が
アクセントになります。

材料（作りやすい分量・3～4人分）
・米　2合
・グリーンアスパラガス　4本（約60g）
・鯛（切り身）　2切れ（約160g）
・山椒（塩漬け）　小さじ2
A
　・だし汁　340mℓ
　・酒　50mℓ
　・薄口しょうゆ　大さじ1

作り方

1. 米は洗ってザルに上げ、30分ほど置く。グリーンア
スパラガスは根元のかたい皮をピーラーでむき、ごく薄
い斜め切りにする。鯛はザルにのせて塩小さじ1/2（分
量外）をふって10分ほど置く。ペーパータオルで水気を
ふき、焼いておく。

2. 洗った米を炊飯器に入れ、Aを加える。さっと混ぜ
て焼いた鯛と山椒をのせて普通に炊く。

3. 炊き上がったらグリーンアスパラガスをのせてその
まま10分ほど蒸らす。鯛の骨を取り除き、底から返すよ
うにさっくりと混ぜる。

〈鍋で炊く場合〉

洗った米を鍋に入れ、Aを加えてさっと混ぜる。焼いた
鯛と山椒をのせて蓋をし、強火にかける。3分半ほど沸
騰するまで炊き、沸騰したら弱火にして15分炊く。30秒
強火にし、火を止めてグリーンアスパラガスをのせてそ
のまま10分蒸らす。

後編

野菜たっぷり
あと混ぜライス

温かいご飯に野菜をたっぷりと
加えて作るあと混ぜライス。
野菜のシャキシャキ感もそのままで、
調理もいたってシンプルなのがうれしい！
サラダのようにも食べられ、ボリューム感もあり、
お昼ご飯や、夜食にもぴったりのヘルシーレシピです。

シャキシャキサルサと豚バラの混ぜライス

トマトたっぷりのサルサとスパイシーな豚肉を豪快に混ぜます。
ちぎったルッコラをのせましたが、レタスなどの葉野菜で
包んで食べても美味しい、メキシカンライス。

材料（2人分）
・温かいご飯　2杯分（300g）
・サルサ
　・トマト　1個（約200g）
　・玉ねぎ　1/4個
　・ピクルス　2本
　・レモン汁　大さじ1/2
　・オリーブ油　大さじ1/2
　・塩　小さじ1/2
　・タバスコ　適量
・豚肩ロース焼き肉用肉　6枚（約150g）
　・塩　小さじ1/4
　・チリパウダー　適量
・ルッコラ　1/2パック（約40g）
・にんにく　1かけ
・オリーブ油　小さじ2

作り方
1．サルサを作る。トマトはヘタを切り落
とし、2cm角に切る。玉ねぎは粗みじん切
りにして水に10分ほどさらし、ザルに上げ
て水気をしっかりきる。ピクルスは粗みじ
ん切りにする。すべての材料をボウルに入
れて混ぜる。
2．豚肉は塩、チリパウダーで下味をつけ
ておく。
3．フライパンにオリーブ油と潰したにん
にくを入れて弱火で熱する。香りが出たら
中火にして豚肉を加え、両面を1分半ずつ
焼く。
4．ボウルにご飯を入れて焼いた豚肉とサ
ルサを加えてさっくりと混ぜる。器に盛り、
手でちぎったルッコラをのせて混ぜながら
食べる。

パセリと生ハムの
グリーンライス

パセリをふんだんに入れたグリーンライス。
色も鮮やかで、ケイパーと生ハムの塩気、
レモンの酸味といろんな味わいを楽しめます。
ご飯は五穀米や、押し麦を混ぜて炊けば、
さらに食感がプラスされて個性が出ます。

材料（2人分）
・温かいご飯　2杯分（300g）
・パセリ　1/2束（約30g）
・生ハム　4枚
・ケイパー(酢漬け)　小さじ2
・塩　適量
・粗挽き黒こしょう　適量
・オリーブ油　大さじ1
・レモン　1/2個

作り方
1．パセリは葉を摘み、粗みじん切りにする。
2．ボウルにご飯、1のパセリ、塩、粗挽き黒こしょう、
オリーブ油を入れ、よく混ぜる。
3．小さくちぎった生ハムとケイパーを加えてさっくり
と混ぜる。
4．器によそい、レモンを添える。

せりたっぷり、甘辛エリンギ山椒ライス

もう少しボリュームを出したい場合は、
塩、こしょうで下味をつけてこんがり焼いた鶏肉を混ぜても。
せりのほかに三つ葉、香菜などでも美味しく作れます。

材料（2人分）
- 温かいご飯　2杯分（300g）
- せり　1束（約120g）
- エリンギ　4本（約200g）
- 酒　大さじ1/2
- みりん　大さじ1/2
- しょうゆ　大さじ1と1/2
- 山椒粉　小さじ1/3
- 炒りごま（白）　大さじ1
- ごま油　小さじ2

作り方
1．せりは根元を切り落とし、4cm幅に切る。エリンギは縦に細く割く。
2．フライパンにごま油を中火で熱する。1のエリンギを加えて押さえながら両面を3分ほど焼きつける。
3．こんがりと焼けたら酒、みりん、しょうゆを加えてさっと絡め、山椒粉をふる。
4．ボウルにご飯、3、せり、炒りごまを入れ、さっくりと混ぜる。

きんぴらごぼうの牛肉ライス

甘辛のきんぴらを混ぜ込んだライスにみょうが。
ごまの香ばしさも加わり、「おかわりー！」の声が聞こえてきそう。
みょうがの代わりにねぎや青じそを添えても。

材料（2人分）

- 温かいご飯　2杯分（300g）
- ごぼう　1/2本（約100g）
- にんじん　小1/2本（約50g）
- みょうが　3本
- 牛切り落とし肉　100g
- しょうゆ　大さじ1と1/2
- 酒　大さじ1
- みりん　大さじ1
- 砂糖　小さじ2
- 赤唐辛子　1本
- 炒りごま（黒）　小さじ1
- ごま油　小さじ2

作り方

1. ごぼうはささがきにする。5分ほど水にさらし、ザルに上げて水気をよくきる。にんじんは皮をむき、太めのせん切りにする。みょうがは小口切りにして5分ほど水にさらし、水気をよくきる。赤唐辛子は半分に折り、種を取り除く。

2. フライパンにごま油を中火で熱し、牛肉を加えてさっと炒める。色が変わったらごぼう、にんじん、赤唐辛子を加え、3分ほど炒める。

3. しょうゆ、酒、みりん、砂糖を加えて炒め煮する。よく煮汁を絡ませたら火を止め、炒りごまを加えてひと混ぜする。

4. ボウルにご飯、3を入れてさっくりと混ぜ、器によそってみょうがを盛る。

≫≫献立≫≫

セロリと鶏むねの塩ライス

鶏肉の茹で汁でスープを作り、
そのスープをかけながらいただくライス。
セロリの食感、茹で鶏のしっとり感、
少し食欲のないときでもいただけます。
夏場はスープを冷やしても美味しいです。

材料（2人分）
・温かいご飯　2杯分（300g）
・セロリ　1本（約120g）
・鶏むね肉　小1枚（約200g）
　|・塩　小さじ1/3
A
　|・水　400mℓ
　|・レモンの輪切り　2枚
　|・しょうがの薄切り（皮ごと）　2枚
　|・にんにく　1かけ（潰す）
　|・酒　大さじ1

作り方

1. セロリは筋を除き、斜め薄切りにし、葉はざく切りにする。鶏肉は塩で下味をつける。

2. 鍋にAを入れ、鶏肉を加える。中火にかけ、表面に少しアクが出てきたらごく弱火にし、5分ほど煮立たせないようにして茹でる。

3. 5分経ったら火を止めて蓋をし、そのまま冷めるまで置く。茹で汁はスープに使う。

4. 冷めたら鶏肉を取り出し、大きくほぐす。

5. ボウルにご飯、セロリ、4を入れ、さっくりと混ぜ、塩適量(分量外)で味を調える。

6. 器に盛り、スープをかけながらいただく。

トマトとレモンのスープ

材料(2人分)
・トマト 2個(約300g)
・塩ライスの鶏肉の茹で汁 全量
・ナンプラー(またはしょうゆ) 小さじ2

作り方

1. トマトはヘタを切り落とし、ざく切りにする。

2. 茹で汁にトマトを加えて温め、ナンプラーで味を調える。

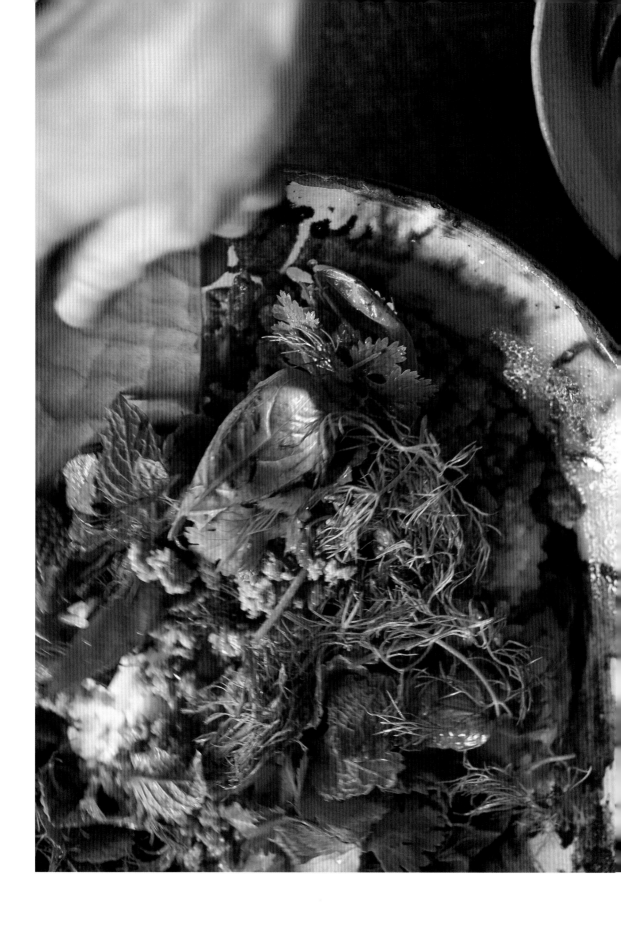

≫≫献立≫≫

ハーブと肉そぼろのエスニックライス

ナンプラーの風味が効いた挽き肉にハーブ、
爽やかなライムの酸味が混ざった絶品ライスです。
豪快に混ぜながらいただきましょう。
ココナッツスープでさらにエスニックさを増した献立に。

材料（2人分）
・温かいご飯　2杯分（300g）
・ミント　ひとつかみ　・香菜　2本　・ディル　4本
・バジル　2〜3本　・にんにく　1/2かけ
・赤唐辛子　1本　・豚挽き肉　150g
・ナンプラー　大さじ1/2　・酒　大さじ1/2
・塩　少々　・こしょう　適量
・オリーブ油　小さじ2
・ライム　適量

作り方
1．香菜は2cm幅に切り、ディルはざく切り、バジルは
手でちぎる。ミントとともに水にさらし、ザルに上げて
水気をしっかりきる。にんにくはみじん切り、赤唐辛子
は種を取り除いて輪切りにする。
2．フライパンにオリーブ油、にんにく、赤唐辛子を入
れて弱火で熱し、香りが出るまで炒める。挽き肉を加え
て中火にし、脂を出すように2分ほど炒め、塩、こし
ょうをふり、ナンプラーと酒を加え、さらに2分ほど水分
を飛ばすように炒める。
3．ボウルにご飯を入れ、炒めた挽き肉、ハーブをのせ
てさっくりと混ぜる。器によそい、ライムを添える。

あさりのココナッツスープ

材料（2人分）
・あさり　150g　・にんにく　1かけ
・赤唐辛子　1本　・ココナッツミルク　100mℓ
・酒　大さじ2　・ナンプラー　小さじ1〜1/2
・ライム汁　小さじ2　・塩　少々　・こしょう　少々

作り方
1．あさりは砂出しし、流水でこすり洗いする。にんに
くは潰し、赤唐辛子は半分に折って種を取り除く。
2．鍋に水300mℓ、ココナッツミルク、酒を入れて中火
にかける。沸騰したらあさりを加えて殻が開くまで煮る。
3．ナンプラーとライム汁を加え、塩、こしょうで味を
調える。

なますたっぷり、
ルーローハン

こってりルーローもたっぷりなますを添えて
ヘルシーにいただけます。
簡単に作れるルーローはお弁当にもおすすめ。
多めに作ってストックしておけば、
なますを添えるだけで簡単晩ご飯に。

材料（2人分）
- 温かいご飯　2杯分（300g）
- なます
  - 大根　5cm分（約125g）
  - にんじん　小1本（約100g）
  - 赤唐辛子　1本　・酢　大さじ1
  - はちみつ　小さじ1　・ナンプラー　小さじ1
- ルーロー
  - 豚バラ肉（ブロック）　400g
  - 茹で卵（半熟）　2個
  - 長ねぎ　1/2本（約100g）
  - 黒砂糖　大さじ1と1/2
  - しょうゆ　大さじ1と1/2
  - オイスターソース　大さじ1/2
  - 酒　70㎖
  - 五香紛　適量
  - サラダ油　大さじ1

作り方
1. なますを作る。大根は太めのせん切り、にんじんは
せん切りにする。赤唐辛子は種を取り除き、輪切りにする。
2. ボウルに大根とにんじんを入れ、塩適量（分量外）
を加えてもみ、5分ほど置く。水気をしっかり絞ったら
残りの調味料を加えて混ぜる。
3. ルーローを作る。豚肉は2cm角に切り、塩、こしょ
う各少々（ともに分量外）をすり込む。長ねぎはみじん
切りにする。
4. 鍋にサラダ油を弱めの中火で熱し、長ねぎを2分ほ
ど炒める。とろりとしたら豚肉を加え、中火にして1分
半ほど転がしながら焼きつける。黒砂糖を加えて焦がす
ように炒め、しょうゆ、オイスターソース、酒を加える。
5. 沸騰したら水300㎖を加えてペーパータオルなどで落
とし蓋をしてさらに蓋をし、弱火にして30分ほど煮る。
6. 茹で卵を加えて煮汁を絡ませるようにしながらさら
に5分ほど煮る。仕上げに五香粉をたっぷりふって混ぜる。
7. 器にご飯をよそい、6、なますを盛る。

にらたっぷり、ピリ辛豚挽きライス

パンチの効いたライスはスタミナをつけたいときに！
目玉焼きや温玉をのせても美味しいです。
好みの薄切り肉で作っても。

材料（2人分）

- 温かいご飯　2杯分（300g）
- にら　1束（約100g）
- 豚挽き肉　150g
- 豆板醤　小さじ1/2
- 酒　大さじ1
- しょうゆ　大さじ1
- 砂糖　小さじ1
- ごま油　適量
- 好みの漬け物　適宜

作り方

1．ボウルにご飯を入れてごま油小さじ2を加えて混ぜる。にらはざく切りにする。

2．フライパンにごま油小さじ2と豆板醤を入れ、弱火で熱する。香りが出たら中火にし、挽き肉を加えてからりとするまで2分ほど炒める。

3．酒、しょうゆ、砂糖、水大さじ3を加える。強めの中火にして煮立て、1分半ほどやや汁気が飛ぶまで煮る。

4．1のご飯に加えてさっくりと混ぜ、すぐに刻んだにらを加えてさらに混ぜる。器によそい、好みで漬け物を添える。

オニオンたっぷり、タコライス

トマトの甘酸っぱさと、紫玉ねぎの食感が
楽しいタコスをご飯にたっぷりかけていただきます。
混ぜ混ぜしながら豪快にどうぞ。

材料（2人分）

- 温かいご飯　2杯分（300g）
- トマト　2個（約300g）
- 紫玉ねぎ　1/2個
- にんにく　1かけ
- ミックスビーンズ　100g
- 合い挽き肉　150g
  - 塩　少々
  - こしょう　少々
- チリパウダー（またはオレガノ）　小さじ1/2
- ウスターソース　大さじ1/2
- 塩　小さじ1弱
- オリーブ油　大さじ1
- シュレッドチーズ　適量

作り方

1．トマトはヘタを落とし、8等分のくし形切りにする。紫玉ねぎは1cm角に切り、水に10分ほどさらす。にんにくは粗みじん切りにする。挽き肉は塩、こしょうで下味をつける。

2．フライパンにオリーブ油とにんにくを入れ、弱火で熱する。香りが出たら弱めの中火にして挽き肉を3分ほどじっくり炒める。

3．トマト、ミックスビーンズ、チリパウダー、ウスターソース、塩、水50mℓを加え、水分を飛ばすように15分ほど煮る。途中、トマトを崩しながら混ぜる。

4．器にご飯をよそい、水気をしっかりきった紫玉ねぎとシュレッドチーズを散らし、3をかける。

塩もみキャベツと
ラディッシュの塩豚ライス

少し贅沢したいときに作りたい一品。
時間がないときはこんがり焼いたベーコンで、
ラディッシュが手に入らなければ、
かぶで作るなど、
いろんなアレンジが楽しめます。

材料（2人分）
・温かいご飯　2杯分（300g）
・キャベツ　2枚（約160g）
・ラディッシュ　8個
・にんにく　1かけ
・塩豚※　全量
・オリーブ油　小さじ2
・イタリアンパセリ　4本

作り方
1．キャベツは太めのせん切りにする。ボウルに入れ、塩小さじ1/3（分量外）を加えてもむ。5分ほど置き、水気をしっかり絞る。ラディッシュは半分に切り、にんにくは潰す。塩豚は2cm角に切る。
2．フライパンにオリーブ油とにんにくを入れて弱火で熱し、香りが出たら塩豚を加えて弱めの中火にして転がしながら3〜4分炒める。ラディッシュも加えてさっと炒める。
3．ボウルにご飯を入れ、2、キャベツを加えてさっくりと混ぜる。器によそい、イタリアンパセリを添える。

※塩豚
豚肩ロース肉（ブロック）250gに塩小さじ1、こしょう適量をよくすり込む。ローリエ2枚、タイム2本、ローズマリー2〜3本をところどころに置き、ラップで包んで4〜5日冷蔵庫に置く（1日に1回ラップを取り替える）。

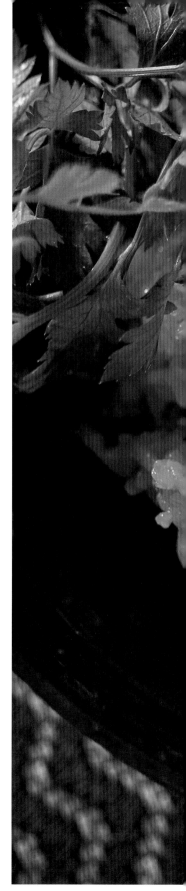

アボカドと香味野菜、
まぐろのポキ風ライス

ねっとりしたアボカドとまぐろが美味しいポキに
たっぷりの香味野菜を加えて。
さっと混ぜたら、でき立てをぜひ和わって。
ご飯と混ぜずに、丼にしても楽しめます。

材料（2人分）
• 温かいご飯　2杯分（300g）
• アボカド　1個
• 玉ねぎ　1/4個
• 青じそ　10枚
• 貝割れ大根　1パック
• まぐろ（赤身）　100g
A
　| • しょうゆ　大さじ1と1/2
　| • わさび　小さじ1
　| • オリーブ油　大さじ2

作り方
1. アボカドは皮に縦に切り込みを入れてねじる。包丁
で種を取り除いて皮をむき、ひと口大に切る。
2. 玉ねぎは薄切りにし、青じそはちぎる。貝割れ大根
は根元を切り落とし、半分に切る。合わせて5分ほど水
にさらしておく。
3. まぐろは2cm角に切る。ボウルに入れ、Aを加えて
10分ほど置く。
4. 別のボウルにご飯、3のまぐろ、アボカド、水気を
しっかりきった2を加えてさっくりと混ぜ、器によそう。

豆腐のっけ水菜ライス

さっぱりしたものが食べたいときや夜遅いご飯に。
豆腐は腹持ちがよく、水菜ライスで野菜不足も解消！
さっと済ませたい朝ご飯にも。

材料（2人分）
• 温かいご飯　2杯分（300g）
• 水菜　2株（約100g）
• 絹ごし豆腐　1/2丁　150g
• しょうゆ　適量
• 削り節　適量

作り方
1．水菜はごく細かい小口切りにする。
2．ボウルにご飯と水菜を入れてよく混ぜ、器によそう。
3．2にスプーンですくった豆腐をのせ、しょうゆを回しかけて削り節をのせる。

みょうがたっぷり、漬け物ライス

漬け物の塩気とみょうがの食感が楽しい混ぜライス。
おにぎりにしても喜ばれる一品です。
酸味のある漬け物を使うのがコツ。焼き海苔を添えても。

材料（2人分）
・ご飯　2杯分（300g）
・たくあん　20g
・すぐき漬け　40g
・みょうが　3本

1．漬け物は粗みじん切りにする。みょうがは小口切り
にして5分ほど水にさらし、ザルに上げて水気をしっか
りきる。
2．ボウルにご飯、1を入れてさっくりと混ぜ、器によ
そう。

玉ねぎとしらす、卵のっけライス

オニオンスライスを
たっぷりのせたのっけライスです。
卵黄のコクと、ごま油の香りで
モリモリいただけます。
貝割れ大根やせりなど、好みの野菜で。

材料（2人分）
・温かいご飯　2杯分（300g）・玉ねぎ　1/2個
・しらす　大さじ2　・卵黄　2個
・しょうゆ　大さじ1/2　・ごま油　小さじ1

作り方
1. 玉ねぎは繊維を切るように薄切りにする。10分ほど
水にさらし、ザルに上げて水気をよくきる。
2. 器にご飯をよそい、玉ねぎ、しらす、卵黄をのせ、
しょうゆとごま油を回しかける。

クレソンのコンビーフマヨライス

意外に食べ方に迷うコンビーフも
ご飯と混ぜて、野菜たっぷりのライスに。
温かいご飯に混ぜることで、
コンビーフの脂が溶けて美味しくなります。
ワインにもよく合います。

材料（2人分）
・温かいご飯　2杯分（300g）
・クレソン　1束（約50g）　・コンビーフ　1缶（約80g）
A
|　・マヨネーズ　大さじ2　・練りからし　小さじ1/2
|　・しょうゆ　小さじ1

作り方
1. クレソンはざく切りにし、コンビーフはざっくりほぐす。
2. ボウルにご飯、1、Aを入れてさっくりと混ぜ、器に
よそう。

堤 人美

料理家。京都生まれ。料理研究家のアシスタントを経て、独立。材料はシンプル、特別なことはしなくとも、美味しく作れるレシピが人気。近著に『ひとりごはん日和』（成美堂出版）、『肉サラダ 1肉1野菜で作る！ 主役級！』『1肉1野菜鍋 シンプルだから飽きない！〆まで美味しい！』『肉炒め 毎日頑張っているあなたへ。とにかく簡単に作れるレシピです。』『いつも卵があるといい 朝も昼も、夜も。』（グラフィック社）などがある。

撮影　邑口京一郎
スタイリング　久保百合子
装丁　林 修三（LimLam Design）
調理アシスタント　池田美希
編集　小池洋子（グラフィック社）

炊き込んだり、ざっと混ぜたり。
とにかく野菜がたくさん食べられる！
ザ・野菜ライス

2020年10月25日　初版第1刷発行
著者　堤 人美
発行者　長瀬 聡
発行所　株式会社グラフィック社
〒102-0073
東京都千代田区九段北1-14-17
電話03-3263-4318（代表）
　　　03-3263-4579（編集）
郵便振替　00130-6-114345
http://www.graphicsha.co.jp
印刷・製本 図書印刷株式会社

ISBN978-4-7661-3470-4